W0239182

people

Via Einaudi, 3
21052 Busto Arsizio (VA)

ISBN 9791259791047

Progetto grafico:
Riccardo e Tommaso Catone

www.peoplepub.it

LETTURE D'AFFEZIONE

illustrazioni di Claudia Piras
postfazione di Carla Rocchi

NEWS

Introduzione

L'Ente Nazionale Protezione Animali, la più antica associazione animalista italiana, è una grande famiglia di volontari e attivisti che, da 150 anni, si impegna per aiutare e difendere chi è più fragile, animali umani e animali non umani. Punta ad andare sempre oltre l'ostacolo, vuole vedere oltre i problemi.

Per noi di People è stato naturale unirci a questa meravigliosa famiglia solidale, condividendo valori, lotte e prospettive.

Abbiamo inaugurato la nostra collaborazione nel 2019 con il libro illustrato *Peppo, il gatto di Aleppo*, di Maria Cecilia Cavallone, fin da subito rivolgendoci ai bambini tramite un simpatico personaggio peloso per raccontare una storia piccola eppure grande, come per noi sono tutte le storie vere: quella di un gattile siriano.

Poco dopo è nato questo nuovo progetto, sempre rivolto ai bambini: una raccolta di storie in cui si raccontano gli animali e, in alcuni casi, sono gli animali stessi a raccontarsi. Intrecciando le loro tenere vicende con temi che ci riguardano da vicino: il clima che cambia, il pericolo della guerra, la necessità di tutelare l'ambiente e la fragilità.

Ogni racconto è impreziosito dalle delicatissime illustrazioni di Claudia Piras, che già aveva dato forma e colore alla storia di Peppo.

Ci piacerebbe che leggeste queste pagine insieme, come Andrea e il suo criceto Carota, magari ad alta voce, e che continuaste il viaggio raccogliendo voi stessi altre storie, tasselli di un unico racconto collettivo.

Perché le grandi imprese e le grandi storie diventano tali se tutti, grandi e piccoli, le credono e le rendono possibili. E se tutti, insieme, operiamo per realizzarle.

Proprio a questo porta leggere, soprattutto se lo si fa insieme: a creare nuovi mondi e a migliorare quello in cui ci si trova.

E noi pensiamo molto seriamente
di Michele Gualano

A Tom Benetollo, testimone di pace

Andrea ricorda di aver fatto un sogno. Ha sognato San Francesco. Insieme cantavano felici, c'era molta allegria, gioia, c'era felicità. Un sogno bello, anzi bellissimo! Ma tutto intorno, a Kyiv, la notte del sogno bello anzi bellissimo non c'era né felicità né gioia. Stava per scoppiare una guerra.

Da molti mesi il mondo era in pena per la possibile invasione dell'Ucraina, anche se non tutti lo credevano possibile. «No» dicevano molti importanti esperti di fatti internazionali e di guerre. «No, no, nessuna guerra. La Russia fa finta, questa è solo una minaccia. Fidatevi, è così: è un gioco, una mano di braccio di ferro tra i potenti della Terra.»

Quando poi è successo davvero e l'esercito russo è entrato in Ucraina, Andrea ha chiuso i cancelli del suo rifugio per animali e non ha più messo piede fuori.

Andrea si ricorda del sogno di San Francesco e lo racconta al telefono ai suoi amici in Italia, il trentottesimo giorno dopo quella notte, dopo quel sogno. È una fortuna poterlo raccontare, perché intorno al rifugio tantissime persone sono state uccise, in questi trentotto giorni. Andrea e i suoi amici umani del rifugio, nascosti coi loro animali, hanno sofferto la fame e la sete temendo di morire di stenti prima ancora che per un colpo di mitraglia.

Oggi sono finalmente arrivati a Kyiv gli aiuti dall'Italia, il villaggio vicino non è più occupato e fuori dal rifugio un magnifico airone può volare libero sopra quel disastro, sopra le case distrutte. Può volare sicuro perché i cacciatori non si sono più visti. Andrea mangia una fetta di pane. Buona, buonissima come una torta di compleanno! E pensa, e poi lo dice a alta voce: «So che ci ha protetto San Francesco. Il sogno significava questo!».

Ma cominciamo dall'inizio di questa storia. Dal giorno prima del sogno, a esser precisi.

***

Non è affatto una mano di braccio di ferro, l'esercito russo ormai è vicinissimo al confine con l'Ucraina. I carri armati e i cingolati, le truppe e i generali vanno in quella direzione mentre gli aerei scaldano i motori e gli elicotteri solcano il cielo come libellule. Solo che le libellule non portano a spasso missili e bombe attaccati all'addome.

Andrea manda un video ai suoi amici: mostra gli ucraini ai distributori, tutti in fila in automobile per fare il pieno di benzina. Non si sa mai. Stessa scena davanti ai supermercati: lunghe file di persone impazienti e nervose, già tutto questo sembra una guerra vera. Lui è preoccupato, naturalmente, ma al telefono dice alla sua cara amica Anna, che è in Italia, di stare tranquilla: è stato previdente e ha fatto scorte di cibo per gli animali per quindici giorni. Tanto non durerà più di quindici giorni, no?

Dopo aver salutato Anna, Andrea va nel suo rifugio. Si chiama "KJ2 Italia", il rifugio, sta a nord della magnifica città di Kyiv e accoglie più di quattrocento animali salvati negli anni dalla strada e nelle campagne, presi abbandonati o feriti. Cani, gatti, cavalli, galline, pecore, oche, persino un maiale nero di nome Harrison Ford. Una gran bella famiglia, allegra e divertente. Impegnativa, certo. Un piccolo pezzo d'Italia in terra straniera, come ha avuto modo di dire anche l'Ambasciatore, un signore molto importante che qualche mese fa è andato fino a lì in visita dopo aver attraversato piccoli villaggi di brava gente e di contadini generosi e pacati.

Nel rifugio, Andrea e Natasha danno da mangiare ai cani. Sembra che tutto vada bene. L'acqua c'è, e anche il cane arrivato ieri, Michael, salvato alla fermata dell'autobus di Rykun, sta meglio e guarisce in fretta dopo la brutta e misteriosa storia dell'avvelenamento. Tutto a posto.

Dopo poche ore però, niente è più dove dovrebbe essere. Nella notte non c'è più spazio per San Francesco e per i sogni belli anzi bellissimi, ma solo per l'angoscia dovuta alle esplosioni in città. Kyiv è distante una trentina di chilometri in linea d'aria, a sud, eppure le bombe si vedono dal rifugio: come per lampi e tuoni, prima si vede il bagliore muto di ogni missile e dopo poco arriva il rumore. La neve caduta in giornata crea un manto bianchissimo che riflette quel clangore. Ogni tanto soffia un vento freddissimo, e quando succede sembra l'onda d'urto di una bomba. Basta questo a disorientare, a farti sentire troppo vicino a quel disastro. Anzi, in mezzo, a dire bene.

Dopo l'alba le esplosioni sono più vicine, proprio fuori il rifugio, ma non sono missili. Sono colpi sparati dai cannoni dei carri armati e dai fucili. Gli spari dei fucili si riconoscono facilmente: sono sottili e secchi, non grassi e lunghi come quelli dei cannoni. Sul rifugio volano elicotteri e aerei, tirano dritto sul cielo sopra Kyiv.

Andrea e Igor in tutta fretta calano drappi vecchi e neri sulle finestre della casetta del rifugio, quella davanti al magazzino che dà sullo spiazzo dove è ferma la vecchia Cherokee grigia col pieno nel serbatoio. Con quei vecchi cenci la casetta sembrerà abbandonata, pensa Andrea. O vuota, alle brutte. Poco prima è passato basso basso un aereo e subito dopo un elicottero, e poi un altro ancora. Igor li ha filmati col cellulare. Da terra si vedeva benissimo il pilota, si vedevano gli occhi dietro la mascherina di plastica del casco. Anche gli occhi del pilota hanno incrociato quelli di Igor. Troppo pericoloso! Allora giù tutti i drappi e dritti in casa. Tutti.

Il cielo di notte è pieno di stelle, la luna crescente è tagliata da un orizzonte di neve, fumo e cenere, il freddo punge nel naso e nei polmoni ma non riesce, non arriva alle ossa. I bagliori sordi di scoppi e gli spari promettono fumo che arriva subito, sale veloce e dopo un po' giunge l'odore di gomma e di zolfo. I cani abbaiano. In un palpitare calmo del cuore, Natasha fa nodi a un fazzoletto bianco, poi li scioglie, poi li fa ancora… Andrà avanti così. Di notte i missili sulla città, di giorno le cannonate tutto intorno e i voli radenti di aerei ed elicotteri. Andrà avanti per quindici giorni, sempre allo stesso modo. Quindici giorni: il tempo limite, la fine delle scorte.

Non è come si sperava. Dopo quindici giorni le scorte di cibo e acqua non sono ancora finite perché Natasha è stata brava a fare un piano, a centellinare un po' di cose. Però sta finendo tutto.

Anna, dall'Italia, chiama tutti i giorni. Alle 10, ora dell'appuntamento, Andrea sale sul tetto della casetta: solo lì arriva una bava di segnale telefonico che permette di parlare cinque, sei minuti.

«Anna, non sappiamo come fare. Non possiamo andare avanti così. Fra qualche giorno non avremo più niente da mangiare. Fai qualcosa, chiedi a Riccardo di fare qualcosa, chiedi al comitato... Siamo disperati.»

«Ma hai pensato di tornare in Italia e metterti in salvo?» gli chiede Anna.

«Sarei un vigliacco: prima salvo tutti questi animali e poi che faccio? Li abbandono al loro destino? Proprio io? No, non se ne parla.»

Dal rifugio non può uscire nessuno. Quello che succede là fuori è un mondo a parte, pronto però a entrare dentro. Sarebbe un disastro, speriamo che non capiti mai. *Quanto alla fame* – pensa Andrea – *qualcosa ci inventeremo, ma solo per qualche giorno*. E poi... può sembrare stupido, ma sono finite anche le sigarette.

***

In Italia le immagini di quella guerra le vedi ovunque. In televisione, sui giornali, sui telefonini. Corrono nei post di Facebook, si moltiplicano all'infinito nelle chat di WhatsApp. Anna che è a Milano chiama Riccardo che è a Roma, Serena e Matteo che vivono insieme a Roma, Mia che è a Cuneo,

Elisabetta a Roma, Leonardo vicino a Milano. Sono le persone del comitato che aiuta Andrea da anni, sono i suoi amici di sempre. Come in una task force decidono in fretta di chiedere al Governo italiano di fare qualcosa. Non può certo andare Anna fin laggiù, a nord di Kiev. O Riccardo, o chi vi pare.

Su Facebook tutti i giorni Anna pubblica gli aggiornamenti, puntuale alle 11 di mattina. Scrive quel che sta succedendo, dice le cose come stanno.

Al Ministero degli Esteri di Roma passano la lettera di Anna a Nicola. È competenza sua. Nicola è un ambasciatore, si occupa di cose delicate e importanti come la sicurezza degli italiani che si trovano all'estero. Non è un compito facile, e in mezzo a una guerra la storia di Andrea è di sicuro una delle tante, forse nemmeno la più drammatica.

Nello stesso momento, Carla è nella sua Seicento blu nel traffico del Lungotevere e riceve una telefonata. Carla è la presidente della Protezione Animali, l'Enpa, e nemmeno lei fa una cosa facile, con tutti quegli animali da salvare e curare in tutta Italia e anche oltre.

Nicola e Carla si parlano al telefono. Per fare qualcosa, ogni cosa possibile per salvare Andrea e gli animali. Non è facile, niente è facile laggiù in Ucraina, in questi giorni.

Poche ore dopo c'è un piano. O, a esser sinceri, qualche ipotesi. Niente di certo, niente di sicuro.

Passa un altro giorno. Concitato, interminabile.

A Verona, nella sede dell'Enpa, stanno arrivando aiuti da tutte le sedi italiane della Protezione Animali. Aiuti per gli animali e per le persone. Medicine e pasta, pet food e guinzagli. Cappotti per donne e cappottini per cani. C'è ogni bendidio.

Carla, Nicola, Anna, Riccardo, Romina e tanti tanti altri, ciascuno per quel che sa fare e che può fare, si mettono al lavoro tutti insieme. Molti di loro non si sono mai visti, non si conoscono, ma che importa? Si aggrega anche Martyn, messo in mezzo da un console italiano. Lui è a Lviv, prima della guerra aveva una ditta di traslochi, poi in poche ore la sua impresa si è messa a disposizione degli ucraini. Tutti i camion di Martyn hanno cominciato a fare su e giù per portare aiuti, da Est a Ovest, da Nord a Sud, e lui ha fondato un'associazione che ha chiamato "SaveUkraine". Ha studiato in Italia, al liceo artistico Giorgio De Chirico di Roma, conosce bene l'italiano. È l'uomo giusto per far arrivare gli aiuti oltre le linee nemiche. O, almeno, lui è l'unico che può provarci, l'unico che può trovare una via.

Passa ancora un giorno, ancora più concitato e interminabile.

A Verona arriva un tir enorme, il più grande che ci sia. In tre ore decine di volontari Enpa di Verona e altri arrivati da altre regioni caricano gli aiuti per Andrea, per Natasha e per gli altri. Durante le operazioni di carico si rompe il muletto, il carrello elevatore che solleva sul pianale del tir bancali anche di 600-700 chili. Così arriva Max con i suoi guanti gialli fluo da lavoro, cappellino e occhiali blu. Lavora nella ditta di trasporti proprio accanto alla sede dell'Enpa. Ci pensa lui, sistema la cose col muletto della ditta.

Poco prima della partenza del tir, tutti i volontari dell'Enpa sono stanchi ma felici e allegri. Si mettono in posa e sorridono, dietro di loro una bandiera dell'associazione: vogliono conservare un'immagine di questa impresa. Alla guida per due giorni si daranno il cambio Salvatore e Gerardo. Col loro camion sono stati in tutto il mondo, anche in Polonia, dove devono arrivare fino al grande magazzino di Martyn.

Sembra un grande passo, una svolta; sembra che tutto stia andando a posto.

Trentaquattresimo giorno dopo il sogno bello anzi bellissimo.

Anna stamattina è infuriata e me lo dice. Indignata. Arrabbiata. Lei che tenta sempre di portare allegria a tutti, lei che tiene sempre in borsa le gocce di Valium per dare una sistemata alle crisi del suo cane epilettico, lei che si morde la lingua per non rispondere alle malelingue su Facebook – e si è fatta una lingua così, in queste settimane –, lei oggi ha pianto. È successo perché una certa Giada ha risposto al suo post quotidiano dicendo che non era vero niente, che i cani e gli altri animali erano sicuramente tutti morti, su al rifugio KJ2 Italia, che era tutto inventato. Una grande presa in giro, insomma.

Sono passati giorni dalla partenza del camion da Verona, non ricordo nemmeno quanti. È che ho smesso di tenere aggiornato questo scarno diario per stanchezza, ho rinunciato a contare i giorni, le ore, i minuti. Non ce la facevo più. È successo perché ormai non credevo più a niente: il tempo passava lento e nessuno riusciva a trovare una soluzione, nessuna buona notizia. Sono una donna che, come Anna, sorride sempre, ma posso perdere la fiducia anche io. O no?

Sembrava tutto impossibile ma oggi, nonostante il pianto di Anna, so che non è così. Martyn stamattina ha scritto: «Portiamo ad Andrea tre scatole di medicine. Ho trovato una persona del villaggio vicino al rifugio che i russi fanno passare, ma va con la sua piccola macchina, non può portare molto».

«Ma come!!!» ha risposto Riccardo. «Medicine? Un chilo di riso piuttosto!»

Ha messo troppi punti esclamativi, Riccardo. Significano qualcosa, non so se rabbia o rimprovero, delusione o disappunto.

E Martyn: «Sono urgenti le medicine, me lo ha detto Oksana!». E ha chiuso così la discussione. Punto.

Riccardo si è pentito per quel suo scatto di ira – comprensibile, per carità – e vuole riparare ma non sa come. Allora non aggiunge altro. Troppo delicato, tutti sono nervosi.

Natasha, su al rifugio, qualche giorno fa si è sentita male. Non bastano la fame, la sete, la preoccupazione e la paura, ora arrivano anche problemi di salute per i quali non c'è medico sul posto pronto a trovare un rimedio. Ha avuto qualcosa al cuore, non si capisce bene cosa. E non sappiamo niente degli animali: stanno bene? Per un attimo viene il dubbio che Giada possa avere ragione, almeno in parte.

Andrea e gli altri hanno finito tutto. Mangiano qualche cipolla e qualche patata rimediata da un coraggioso contadino di passaggio, bevono l'acqua caduta con la pioggia dopo averla filtrata e quando nevica raccolgono quanta più neve possibile, così si fa acqua.

In compenso, in mezzo alla disperazione è successa una cosa bellissima: una delle cavalle del rifugio ha partorito una splendida puledrina. Nata sotto le bombe, si può ben dire. Andrea l'ha chiamata Vika, che in ucraino significa Vittoria. Buon segno.

Quello della macchina non è l'unico tentativo fatto finora per far arrivare gli aiuti al rifugio. Il cibo, le crocchette per gli animali, l'acqua sono nel magazzino di Martyn a Kyiv, poco distante, ma non c'è modo di portarli fino a lì. In questi giorni al Ministero hanno tentato di trovare un accordo per far passare gli aiuti, ma niente. Persino un ex ministro che ora è un giudice importante è stato al telefono un giorno intero per cercare una soluzione.

Intanto a Martyn è venuta un'idea. Quella del fiume.

Ha saputo, Martyn, che di notte una donna sfida i russi e fa su e giù con una piccola barca da una sponda all'altra del fiume, che si trova a due, tre chilometri dal rifugio, e trasporta quel che può. Martyn ha mandato un suo amico sulla sponda est del fiume (si può arrivare lì, è sotto il controllo ucraino) per cercare questa donna e chiederle di far arrivare qualcosa al rifugio. Ma niente, nessuna certezza, promesse zero.

Ora è pomeriggio inoltrato e sui siti di notizie si dice che l'esercito ucraino sta liberando i villaggi vicino al rifugio. Sarà vero?

A sera, Martyn scrive al gruppo: «Medicine consegnate ad Andrea». Non aggiunge altro, alla fine della frase non mette nemmeno un punto, figuriamoci un punto esclamativo! Sembra una grandissima vittoria, viene quasi da piangere per tre scatole di scarpe con dentro qualche medicina.

***

Un altro giorno e al mattino sappiamo subito che sì, è vero, gli ucraini stanno liberando i villaggi e le città a nord di Kyiv. È sicuro perché i sindaci mandano messaggi video e dicono che i russi sono stati scacciati. In tutti i messaggi c'è da qualche parte la bandiera blu e gialla dell'Ucraina. A volte sventola sulla facciata del Municipio, altre volte viene tenuta come un mantello a coprire le spalle, a protezione. Una sindaca con gli occhiali la tiene davanti a sé mentre parla, manco fosse un cartellone con uno slogan scritto col pennarello, quelli delle manifestazioni per la pace.

Alle 11:22 scrive Martyn. Senza alcun preavviso. Un messaggio inatteso e improvviso come uno schiaffo, di quelli che servono a farci risvegliare dal torpore.

Dice: «È partito un minivan carico di viveri per Andrea!». Questa volta mette il punto esclamativo alla fine. Dopo un minuto aggiunge: «Vediamo se riusciamo ad arrivare, in ogni caso servono molte ore».

È sabato e il telegiornale delle 13:30 conferma la liberazione di sedici municipalità da quelle parti ma al tempo stesso fa vedere i segni dei bombardamenti a Sud, a Odessa in particolare. È stata affondata anche una nave, non ho capito se russa o ucraina.

Sono ancora più tesa e confusa degli altri giorni. Porto mio figlio alla scuola di calcio e sbaglio strada per due volte. Non vado mai io, tra l'altro, va quasi sempre Sergey, che è mio marito.

Quando, poco dopo le 17, arrivano le prime foto di Andrea con gli aiuti e cominciano a circolare impazzite su Internet, noto subito alcune immagini di un pacco marrone che passa di mano in mano. Ho chiuso io quel pacco, lo ricordo bene. C'è l'adesivo dell'Enpa "Medicinali per animali" e, a fianco, una croce di pennarello blu che ho fatto io per ricordare, per non confondere le scatole di cibo con quelle delle medicine. Cibo, farmaci e acqua sono stati consegnati ad Andrea. Lui sorride, nelle foto ha la barba lunga e un cappellino nero. Non credo di essere capace di immaginare il suo sollievo e ancor di più la sua sorpresa: non sapeva niente. Sapeva solo che i pacchi erano intorno a Kyiv e che c'era un ultimo maledetto miglio che non si riusciva a coprire. Anna non gli ha mai riferito altro, nelle telefonate quotidiane. Per non illuderlo.

È andata così, è finito l'inferno.

È stato complicato arrivare fin lì: per fare trenta chilometri il minivan bianco-panna di Martyn ha impiegato più o meno sei ore passando pontili di fortuna, strade con carri armati distrutti e automobili incenerite, sentieri fangosi di campagna percorsi col rischio di inciampare su una mina.

Il mio telefono trilla e squilla, non la finisce più. Arrivano messaggi, foto, vocali. Anna continua a chiamare e io non rispondo. Sono ferma, immobile, impassibile. Scelgo di non gioire e nemmeno di piangere. Ci sarebbe da piangere, di fatica e di felicità. Ma voglio restare lucida. Potrebbe essere tutto un sogno, come quello bello anzi bellissimo con San Francesco che canta, no? Eppure – lo so – non è un sogno, ed è una fortuna.

È come se fosse finita la guerra.

***

E io, infine, io che vi ho raccontato questa storia? Chi sono io e perché so tutto quello che ho scritto?

Io sono Alina, vengo dalla città di Stryi, vicino Lviv, ma vivo a Macerata da più di dieci anni. Ho 49 anni e un lavoro, se può servire a qualcosa saperlo, se può servire a darmi un posto in questa storia o meglio ancora nel mondo. A Macerata faccio la volontaria dell'Enpa, nell'ultimo mese ho sentito Anna ogni giorno, più volte al giorno. Ho conosciuto Andrea tre anni fa, d'estate, durante una vacanza nel mio Paese, e per quindici giorni sono andata a aiutarlo. Ora mi do parecchio da fare qui, per gli animali. In Ucraina non ho più nessuno. Quando è scoppiata la guerra ho pensato subito ad Andrea e ai suoi animali, non avendo nessun parente e nessun amico per il quale temere e stare in pena, nessuno da confortare al telefono, o peggio, da piangere.

Nei giorni del carico di Verona sono salita su un treno e sono andata a impacchettare riso e farmaci, crocchette e guinzagli e tutto il resto che andava sistemato in fretta e al meglio delle possibilità, a regola d'arte. Sergey si è arrabbiato perché l'ho lasciato solo col piccolo, che si chiama Nino e ha undici anni. Mi sono sentita in colpa anche io, a dire il vero.

A Stryi mi ha fatto da padre mio nonno Andriy. Lui mi parlava sempre di suo padre Nazar il quale, esattamente cento anni fa, ha combattuto lì in Ucraina con Nestor Makhno. Questo signor Makhno era un contadino che si era inventato un territorio libero dove tutti vivevano in pace, decidevano insieme e si aiutavano l'uno con l'altro senza troppe formalità e senza troppe leggi. L'aveva chiamato Makhnovia, questo libero territorio, ed era grande, grandissimo. Quasi mezza Ucraina. Penso che il rifugio KJ2 Italia sia una specie di territorio libero con tanti animali tutti insieme.

La guerra in Ucraina non è finita. Io aspetto la pace e nel frattempo aiuto le persone, gli animali e le persone che si prendono cura degli animali.

Mio nonno mi raccontava sempre di quando Nestor aveva incontrato il signor Lenin per far finire un'altra guerra. C'era anche suo padre Nazar, lo precisava sempre temendo forse che potessi dimenticarlo col tempo. Nestor aveva detto chiaro chiaro al signor Lenin: «Noi siamo immersi nel presente ed è attraverso di esso che cerchiamo di avvicinarci al futuro al quale, è vero, noi pensiamo. E noi pensiamo molto seriamente».

Ci penso ora e credo che sappiamo pensare molto seriamente anche noi. Noi che non siamo importanti ma ci prendiamo cura degli animali e di questo tempo, di questo ambiente, di questo mondo mangiato dai conflitti.

Dall'incuria.

Roma, 7 aprile 2022

Il koalino e la bambina

di Nina e Giuseppe Civati

Un camper lungo lungo viaggia sulla strada infinita che attraversa lo Stato di Victoria, in Australia.

La radio manda notizie inquietanti: «Se state facendo le vacanze in questa parte dello Stato, è tempo che ve ne andiate» ripetono in continuazione le autorità. Incendi dappertutto, boschi inceneriti, coriandoli di fuliggine sospesi nell'aria, persone e animali in fuga. Un vero disastro.

Il paesaggio tutto intorno è inquietante. Nubi nere e bagliori all'orizzonte, un caldo anomalo, eccessivo. L'aria pesante.

Ludy viaggia con i suoi genitori. Sarebbe dovuta essere una bella vacanza, l'avevano organizzata da tempo, aspettando il momento migliore per partire. Lei era entusiasta, avrebbe visto da vicino quella natura che amava, i canguri, i koala e forse anche quegli strani roditori che ridono, i quokka, che le piacevano tanto.

Il sogno è diventato presto un incubo. Gli incendi non si fermavano più, bruciava tutto intorno e non se ne vedeva la fine. Le fiamme incombevano sugli abitanti e anche sui turisti come la famiglia di Ludy.

A metà del viaggio i suoi genitori hanno deciso che non era proprio il caso di proseguire, che era troppo pericoloso. Hanno messo da parte le guide turistiche che per dieci giorni avevano sempre consultato e hanno continuato a controllare le mappe, ma non per visitare altri luoghi bellissimi, no: per mettersi in salvo, di corsa, verso una città sull'Oceano, un aeroporto, il ritorno a casa. Vacanze finite e la paura di non essere ancora fuori pericolo.

È l'inizio del 2020. È l'estate degli incendi devastanti in Australia. Un'estate che sarebbe per noi l'inverno, perché l'Australia si trova dall'altra parte del pianeta. Un'estate torrida, più del solito, più di sempre, dice qualcuno.

Mentre Ludy guarda scorrere il paesaggio e si accorge che le nuvole nere si avvicinano sempre di più, un cucciolo di koala scappa dalla foresta in fiamme, bruciacchiato e terrorizzato. Sul ciglio della strada lo soccorre un ciclista con la sua borraccia ma il ciclista sa che deve scappare via, raggiungere al più presto un luogo sicuro. Valuta il da farsi perché gli dispiace abbandonare quel cucciolo al proprio destino. Mentre si chiede che cosa fare, il koalino è sparito. In quel preciso momento, si avvicina un camper per chiedere informazioni.

Il ciclista si confronta con il conducente, si scambiano informazioni, si augurano buon viaggio. Durante il loro breve scambio, il koala è saltato sul predellino del camper. E, i nostri lettori lo avranno capito, è il camper di Ludy e dei suoi genitori!

Per la verità nessuno si accorge che il koala è salito sulla scala che si trova sul retro del veicolo e si è adagiato all'interno della ruota di scorta, spaventato, di più: allarmato. Chissà se è una buona idea, da parte del koala, perché dopo pochi minuti si ritrova a chilometri di distanza dai suoi alberi di eucalipto, senza alcun punto di riferimento. Lontano dalla sua famiglia koala e dai suoi amici koala. Disperso.

A un certo punto, con sorpresa da parte di entrambi, il koala incrocia lo sguardo di Ludy, che si è messa a osservare la strada dal lunotto posteriore. Ludy è preoccupata e divertita: cosa ci fa un koala sul camper? Aveva chiesto ai suoi genitori di ricevere, come ricordo della vacanza, un koala di peluche. Ora ne ha uno vero! Chissà però cosa ci fa sul loro camper, si chiede Ludy. Starà scappando, pensa, esattamente come lei con i suoi genitori. Soltanto che lui è da solo. E sembra un cucciolo e sembra tanto spaesato.

Ludy decide che deve occuparsene lei, i suoi genitori sono troppo concentrati e pensa che in un primo momento non sia il caso di dire loro niente, a proposito del koala. Attraversa il camper e chiede ai suoi genitori di fermarsi un attimo perché sente salire un po' di nausea. «Forse è per il camper a tutta velocità, e anche la puzza di bruciato» dice, insistendo perché si fermino. I genitori non sono d'accordo: «Ludy, resisti, è troppo pericoloso fermarsi ora!».

Alla fine i genitori cedono e le consentono di scendere ma «solo per qualche minuto», le dicono. Ludy fa un giro intorno al camper, «prendo un po' d'aria» dice ai suoi, e raccoglie il piccolo koala dalla scala. Per nasconderlo usa la coperta che si era messa addosso, benché non facesse affatto freddo.

I genitori scrutano l'orizzonte, discutono tra loro, e non si accorgono che Ludy è rientrata in camper.

La bambina nasconde il koala e se ne prende cura. Senza rivelarlo ai genitori, anzi, facendo di tutto perché non si accorgano della sua presenza. Dopo pochi minuti, però, in un momento di distrazione, il koala scende dal letto dove Ludy gli aveva preparato una tana di cuscini – così se l'era immaginata, proprio come una tana – e raggiunge il sedile del conducente. Il papà di Ludy sobbalza dallo spavento e rischia di perdere il controllo della guida.

«Che cosa cavolo ci fa un koala nel camper? Ludy, ne sai qualcosa?!»

«Deve essere salito da solo...»

«Ludy!»

«No, è vero, lo ammetto: l'ho preso io. Si era arrampicato sulla scala e quando sono scesa l'ho preso in braccio».

«Va bene, Ludy, però non possiamo tenerlo con noi!»

«Perché, Papi?! Dai, ti prego!»

«Dobbiamo portarlo in un posto dove si prendano cura di lui, in un centro, forse ci sono anche qui, come il canile vicino a casa nostra, dove la zia fa la volontaria, ricordi? Sono sicuro che ne incontreremo uno lungo la strada. Ludy, non farne un dramma, lo facciamo per il suo bene.» E, rivolgendosi alla moglie: «Tesoro, cerca su Google un rifugio per animali, da queste parti…».

Ludy è dispiaciuta, non la convincono le rassicurazioni dei suoi genitori. Continuano a ripeterle le solite cose che si dicono in questi casi: «Possono curarlo meglio di quanto possiamo fare noi», «Vedrai che starà bene», «Non ti affezionare, accompagnalo dagli altri koala, è meglio per tutti». Tutte considerazioni che non la rassicurano affatto. Lei crede di sapere di che cosa abbia bisogno il koala.

Certo, per loro è facile parlare. Il koala, che Ludy ha deciso di chiamare Fiamma per via di quella bruciacchiatura sul pelo del dorso, è solo. Non sa dove sono i suoi amici, i suoi genitori! E mentre i suoi genitori cercano la soluzione del problema – come se non bastassero i problemi che avevano già, con mezza Australia in fiamme – a Ludy viene un'idea, se si può chiamare così. Perché è un'idea bizzarra e, soprattutto, sbagliata.

Promette a Fiamma di ritrovare la sua mamma. E attende il momento opportuno per fare una cosa che non dovrebbe fare, lo sa: scappare con il koala. I suoi genitori si arrabbieranno tantissimo ma il piccolo koala sì che starà bene.

Scende la sera e sulla strada i suoi genitori non hanno trovato nessun centro per animali. Sono ancora in un luogo isolato e il centro, scoprono navigando sul web, si trova alle loro spalle: sarebbero dovuti tornare indietro ma è troppo pericoloso.

Decidono di fermarsi a dormire nei pressi di un motel dove la situazione sembra tranquilla: gli incendi sono lontani e con molta probabilità non arriveranno fino a lì. Possono dormire tranquilli, almeno quella notte, dice la direzione, assumendosene la responsabilità.

Sfruttando il buio e la distrazione dei genitori che si stanno per addormentare, sfiniti, la piccola Ludy e il piccolissimo Fiamma scappano. Uno zainetto con dentro Fiamma, una bottiglia d'acqua e un po' di schiacciatine che Ludy è riuscita a infilare. Le foglie di eucalipto le recupereranno lungo la strada. Ludy ha con sé il cellulare che i suoi genitori le hanno dato «solo!» per giocare e scriversi con le sue amiche e – si dice sempre sperando non serva – per le emergenze: e questa, pensa Ludy, «questa è proprio un'emergenza!».

Si mettono in cammino, Fiamma tiene la testolina tra la spalla e lo zaino della bambina e Ludy, un po' per allontanare la noia e soprattutto la paura, alle prime luci dell'alba si mette a riprendere tutto quello che vede e lo posta sul suo profilo Instagram. Meno male che i suoi genitori hanno ceduto e le hanno comprato un telefonino!

Incendi, animali in fuga, Ludy racconta ai suoi amici che sono rimasti in Italia. La voce si diffonde e i suoi video vengono ripresi e rilanciati dalle amiche e poi da molti altri, in pochissimo tempo. Finiscono anche sulla prima pagina di un giornale online. Titolo: «Una giovane reporter dall'Australia cerca la mamma di un koala che si è perso».

I suoi genitori al risveglio la chiamano, si mettono a cercarla e non la trovano. Vanno nel panico. Si chiedono, disperati, dove sia finita. Chiamano la polizia e stanno per precipitare nello sconforto quando alla mamma viene in mente di guardare i social di Ludy. Ecco scoperto l'arcano, Ludy sta bene. Ora devono solo recuperarla. Al più presto!

Intanto sulle pagine di Instagram i due improbabili reporter, Fiamma e Ludy, raccontano quello che sta succedendo. Nei commenti in tanti fanno riferimento ai cambiamenti climatici, altri pubblicano immagini struggenti dei koala e degli altri animali in fuga: insomma, li seguono in tantissimi e fanno il tifo per loro.

Nel frattempo, una pattuglia della Forestale raggiunge il camper dei genitori di Ludy e dalle immagini, dopo un lungo lavoro, riescono a ricostruire in che zona si trovino lei e il koala. Non possono essere andati molto lontano. In poco tempo la recupereranno, ne sono certi.

I genitori di Ludy salgono sulla vettura della Guardia forestale e corrono sulla strada, alla ricerca dei due fuggitivi. Li trovano stanchissimi e quasi disidratati sul ciglio della statale. Un mazzo di eucalipti e le poche briciole rimaste della merenda sono le uniche cose che ancora hanno con sé.

Per puro caso, non sono lontani dal rifugio che i genitori avevano visto su Google.

Ludy si becca una ramanzina che non finisce più, le tolgono il cellulare e va in punizione «per giorni e giorni!», urlano i suoi genitori con una voce sola. Lei cerca di giustificarsi, di spiegare le sue ragioni ma si rende conto di averla fatta troppo grossa. Abbraccia per l'ultima volta Fiamma, sotto lo sguardo di rimprovero dei genitori. Intorno però c'è aria di festa e di scampato pericolo, perché gli incendi fortunatamente paiono essersi fermati.

I forestali guidati da Jack, il capo mandamento, chiedono di parlare con i genitori, spiegando loro che le immagini e i video postati da Ludy sono diventati virali e tutti i cittadini australiani ormai la conoscono.

«È diventato uno strumento importante per sensibilizzare le coscienze e sostenere i soccorsi verso la popolazione animale devastata dagli incendi» dice Jack. Il capo della forestale propone di nominare entrambi, la bambina e il koalino, guardaboschi onorari e promotori, insieme a loro, della riserva naturale che intendono creare, perché la bambina e il koalino li hanno convinti che bisogna salvare la foresta, una volta per tutte.

Il premio più bello, però, è un altro: il koalino Fiamma infatti si avvicina a una koala più grande di lui, e si fa abbracciare mentre entrambi mangiucchiano le foglie con quella loro strana flemma. E quanto sono affamati!

Che la koala più grande sia la sua mamma? Ludy ne è convinta e tutti coloro che ormai la seguono sono d'accordo. «Missione compiuta» dice Ludy, ma solo tra sé e sé, perché i suoi genitori sono ancora parecchio contrariati. Quando ripartono alla volta dell'aeroporto e del ritorno a casa, sua mamma, con sollievo di Ludy, si volta e le sorride.

Tutto è bene quel che finisce bene, anche se tutto ciò a cui assistiamo assomiglia sempre di più alla fine del mondo.

Prenderci cura del mondo che abbiamo intorno è un dovere. Per Ludy, i koalini, tutte e tutti noi.

L'albero degli uccellini

A cura delle classi 2ª, 3ª e 4ª
della Scuola primaria Silvio Pellico
di San Pietro di Feletto

C'è una piccola scuola primaria sulle colline, immersa nel verde della campagna. È piena di bambini allegri, le cui voci squillanti rimbalzano in lontananza quando giocano all'aria aperta.

Nel grande giardino della piccola scuola sulle colline c'è un giovane, esile tiglio con rami sottili coperti da brillanti foglie verdi, tesi verso il cielo come una farfalla in attesa di spiccare il volo.

Era un alberino qualunque, fino al 14 settembre 2020.

Quel giorno (oh, che giorno, quel giorno!) sono arrivati… i piccoli di prima! Con i grembiulini bianchi e blu, gli zaini troppo grandi e le mascherelle davanti ai sorrisi, avevano un occhio sbarluccicoso e l'altro preoccupato. Sicuramente si aspettavano discorsi complicati, lezioni noiose, facce serissime. E invece…

Invece si sono ritrovati, quei cuccioli d'uomo, sotto il tiglio niente-di-che e, con i visini all'insù, usando le mani della maestra, hanno fatto una cosa indimenticabile: hanno posizionato tra i rami una mangiatoia per gli uccellini selvatici!

Poi, disponendosi in un bel cerchio attorno a lui, hanno inviato all'albero una richiesta speciale: gli hanno chiesto di riempirsi di piume e cinguettii e di diventare loro amico; in cambio, gli hanno promesso di prendersi cura di lui e degli animaletti suoi amici.

«Caro alberello, vorresti diventare nostro amico?»

«Potresti essere un punto di riposo e di ristoro per i volatili viandanti: ti terrebbero compagnia e non saresti più solo.»

«E per noi sarebbe piacevole imparare ascoltando i loro concerti.»

«Ci prenderemo cura di te, di loro e degli animaletti che popolano la terra tra le tue radici, e saremo tutti mooolto più ricchi!»

Così ha avuto inizio un'avventura incredibile!

Alla classe prima si è unita la seconda, e alla seconda la terza; il giardino è diventato un librone di scienze da vivere e giocare per una sessantina di bimbi-custodi.

C'è chi nota gli insetti più originali: «Guarda, maestra, che insettino colorato sta salendo lungo il tronco! Sembra vestito da carabiniere!».

...Chi propone di aggiungere piante aromatiche per attirare farfalle e api: «Idea! Piantiamo salvia e rosmarino per richiamare gli insetti impollinatori! Aiuterebbero le piante di buddleja che sono un po' più in là, quelle che ci ha regalato Valentina».

...Chi si offre di portare la terra più ricca: «Per nutrirsi, l'albero ha bisogno di terra buona, può portarcela il mio papà! La sua è super-energetica!».

...Chi appende la mangiatoia che ha fatto a casa con la preziosa collaborazione di genitori e nonni: «Abbiamo pensato che durante le vacanze di Natale la scuola starà chiusa a lungo e che ci vorrebbe una mangiatoia in più».

...E chi la casetta che ha costruito con lo zio: «Ma bisogna fissarla bene perché è grande!».

Quanto da fare, ma che soddisfazione!

A un certo punto, cibo e mangiatoie non bastavano più e i rami del tiglio nemmeno, nonostante diventasse di giorno in giorno più bello e sprizzasse energia da ogni foglia. Anche il giardino, allora, si è arricchito: di alberi e aiuole, di fiori colorati e profumati con tante api svolazzanti come fossero delle ranocchie che saltano di qua e di là, e perfino di una piccola piscina ricavata da un semplice sottovaso per dissetare e rinfrescare gli uccellini.

Tra semi piccoli e grandi, pappa speciale per insettivori, palline di grasso, altalene di arachidi infilate a mano con pazienza e allegria, gli uccellini diventavano sempre di più: cinciallegre, cince more, fringuelli, pettirossi, merli, tortore, storni, verdoni, cardellini, passeri, ballerine, gazze... la fototrappola del signor Alessandro ha ripreso persino un codirosso spazzacamino e un frosone!

Alcuni di loro, poi, sono veri personaggi: hanno addirittura un nome.

Rufus, il simpatico pettirosso pieno di sé con il petto più rosso che si sia mai visto.

Zampa Ciccia, fringuello vecchiotto e spettinato con una zampa malata.

Maria e Giuseppe, la coppia di tortore innamorate che si ferma sempre a tubare davanti alle finestre e il cui piccolo riposa nella terra sotto l'alberino.

Sono tutti amici che, fiduciosi e tranquilli, mentre "riempiono il carrello della spesa" di semini e vermetti, guardano attraverso le vetrate delle aule i bimbi che fanno lezione.

Ce n'è uno in particolare, tra questi ragazzini, che dal suo posto speciale tiene sott'occhio l'alberello e il giardino attorno e sovrintende alle operazioni quando c'è da riempire la piscina o le mangiatoie lungo la siepe e sotto la tettoia, regge saldamente la scala agli insegnanti che ci si arrampicano e dà le indicazioni di lavoro a quelli tra loro che sono meno "esperti".

E poi, e poi...

E poi potrei raccontarvi ancora per ore di questa magica storia d'amore e di scuola, e dei suoi germogli di meraviglia, gratitudine e rispetto. Di alberi che diventano Grandi con i bimbi, di uccellini che insegnano la vita e di maestri che imparano riempiendosi gli occhi di bambini, uccellini e alberini.

Come lo so? Lo so perché questa, signori, è la mia storia: io sono l'Albero degli Uccellini, l'albero più felice del mondo!

LeggiAmo
di Giovanni Rattini

La mattina del suo compleanno, Andrea schizzò fuori dal letto puntando deciso verso la cucina dove, sul tavolo, immaginava avrebbe trovato il tanto agognato regalo.

La delusione però fu grande quando, al posto dell'enorme scatolone che si aspettava, vide che c'era solo un piccolo contenitore di cartone con una finestrella ritagliata e la dicitura "FRAGILE" stampigliata su tutti i lati.

Lo prese in mano.

Qualcosa di indefinibile sembrava muoversi lì dentro... Andrea sollevò il coperchio: due occhi luminosi come punte di spillo lo osservavano vivaci e al tempo stesso terrorizzati; posò la scatola sul tavolo dando così all'ospite la possibilità di scivolare all'esterno.

Titubante ma curioso, il misterioso animale mise fuori con il muso appuntito un naso modello aspirapolvere pronto a fiutare qualsiasi cosa commestibile gli si parasse davanti.

Identificate le carote sul piatto di fronte alla scatola, dimenticando qualsiasi paura, il criceto uscì allora allo scoperto svelando così, con la sua identità, anche il colore del pelo, bianco sull'addome con un mantello arancione che, in quel momento, gli consentiva addirittura di mimetizzarsi perfettamente tra gli ortaggi colorati.

Ancora frastornato per la gradita sorpresa a quattro zampe, Andrea riuscì solo a realizzare e decidere che il suo nuovo e inseparabile amico si sarebbe chiamato Carota.

Alla passione per la scuola e lo studio, per la lettura e il disegno, per i circuiti elettrici e le invenzioni, da quel giorno Andrea poteva aggiungere un nuovo interesse.

I suoi genitori avevano posizionato la gabbia di Carota, che sembrava un parco giochi in miniatura, sul mobile a fianco della testiera del letto.

Così vicini, i nuovi amici potevano osservarsi continuamente provando in qualche modo anche a comunicare.

La reciproca confidenza consentì ad Andrea di prendersi delle libertà che i suoi genitori sembravano non gradire più di tanto: ogni pomeriggio, dopo la scuola, Carota aveva infatti il permesso di lasciare la sua casetta e gironzolare per la stanza.

L'unica accortezza che metteva d'accordo grandi e piccoli era quella di tenerlo lontano da prese e cavi elettrici. Per il resto quel piccolo aspirapolvere era libero di intrufolarsi e perlustrare ogni centimetro quadrato della camera che lo ospitava.

Seduto alla scrivania, Andrea cercava di terminare velocemente i compiti per avere più tempo da trascorrere con il criceto; fingendo fosse lui il suo interlocutore gli ripeteva la lezione ad alta voce e intanto, con gli occhi, cercava di scovare dove si fosse nascosto.

Come chiamato a rapporto, Carota usciva dal suo nascondiglio, si metteva sull'attenti sollevandosi sulle zampe posteriori, guardava incuriosito cosa il suo amico avesse da raccontare mentre puliva le vibrisse dalla polvere che, immancabilmente, vi rimaneva impigliata. E poi via di nuovo.

Nel confronto con i giocattoli che riempivano l'armadio, Carota risultava sempre il preferito; se i primi andavano benissimo per trascorrere momenti spensierati con gli amici, il criceto non aveva concorrenti quando i due rimanevano soli in camera.

Una passione per Carota che, con disegni e ritratti sempre nuovi, guadagnava spazio tappezzando proprio le ante dell'armadio che conteneva quei giochi, ormai così usuali.

L'impegno regolare nello studio era per Andrea un aspetto molto importante della sua quotidianità. Ma una volta terminati i compiti, riposti pennelli e pennarelli, riordinati i giochi, tutta la sua attenzione si concentrava sulla lettura. Era l'occasione per salpare con un veliero o sollevarsi da terra a bordo di una mongolfiera e andare dove la fantasia decideva di condurlo.

Da quando Carota era entrato a far parte della sua vita, non c'era avventura che non volesse condividere con il suo nuovo amico.

Seduto sul letto con le spalle appoggiate alla testiera, il libro aperto sulle gambe incrociate a mo' di leggio, Andrea posava Carota tra le pagine e, mentre il criceto sembrava osservare le figure, lui a voce alta gli narrava la storia che scorreva davanti ai loro occhi.

Andrea divorava i libri quasi quanto Carota avrebbe voluto fare con le pagine che li componevano. Non era facile leggere in compagnia di un amico piuttosto distratto, ma la sfida era comunque sempre elettrizzante anche perché, alla fine del racconto, Carota non sembrava affatto annoiato.

Una complicità tra i due che andava perfezionandosi di giorno in giorno e che, per consolidarsi, aveva bisogno solo di una parola d'ordine che Andrea trovò con: «LeggiAmo».

Con il passare del tempo Carota si abituò a quel vocabolo che sentiva ripetere quando Andrea lo aspettava seduto sul letto. Al criceto non rimaneva che lasciarsi raccogliere dal pavimento, dove stava scorrazzando, per farsi depositare tra le pagine di un libro, pronto ad ascoltare una nuova storia.

Andrea amava leggere anche prima di addormentarsi; quando poteva, cercava di incamminarsi nel mondo dei sogni in compagnia dei protagonisti delle vicende che stava scoprendo fino a qualche minuto prima.

Troppo spesso però era costretto a interrompere la lettura prima di arrivare alla fine del capitolo o della storia. Per volontà di entrambi i genitori, infatti, la luce veniva spenta alle 22 in punto, quando mamma o papà entravano in camera sua per il bacio della buonanotte.

Andrea e le sue fantasie rimanevano così in bilico in una terra di nessuno, abitata solo dalla curiosità. Un inventore come lui doveva farsi venire un'idea che, invocata, arrivò come un colpo di vento mentre tornava da scuola in bicicletta.

Un'idea che però si sarebbe potuta realizzare solo con la fattiva collaborazione di Carota.

Per giorni e giorni Andrea armeggiò e trafficò, soprattutto all'esterno della sua gabbia; sembrava un medico intento a completare un intervento di microchirurgia.

Quando il lavoro fu ultimato, per non dare nell'occhio, lo ricoprì con una scatola, lasciando fuori solo una microscopica lampadina.

Quella stessa sera Andrea era così emozionato per la sua invenzione che non riusciva a concentrarsi sulla storia che stava leggendo; Carota, nel frattempo, lo osservava dall'alto della sua gabbia rosicchiando qualcosa che finiva sempre per riempirgli le gote paffute.

Alle 22 in punto mamma e papà entrarono in camera e, dopo averlo baciato affettuosamente sulla fronte, gli augurarono la buonanotte, spegnendo la luce e chiudendo la porta alle loro spalle.

Nel silenzio della stanza, dal salotto arrivavano, quasi impercettibili, le voci della televisione. Andrea incrociò le dita e pronunciò la parola d'ordine: «LeggiAmo».

Carota continuava imperterrito a sgranocchiare. Andrea non poteva vederlo ma lo immaginava impegnatissimo. Riprovò: «LeggiAmo».

Strani rumori giungevano dalla gabbia, come se qualcosa si fosse messo in moto.

La lampadina, accuratamente posizionata, sprigionò dapprima solo un fioco bagliore che divenne via via una luce sempre più intensa, in grado di illuminare adeguatamente le pagine del libro.

Pulegge, ingranaggi, cinghia e dinamo, collegati alla ruota sulla quale Carota aveva cominciato a correre sempre più velocemente, sembravano funzionare alla perfezione.

Visibilmente emozionato, Andrea ricominciò a leggere sottovoce, per sé ma anche per Carota che, appagato nonostante la lingua a penzoloni, cercava di tenere un'andatura che garantisse un'illuminazione accettabile.

Se il primo sembrava un aviatore sulle ali della fantasia, l'altro faceva pensare a un ciclista intento a scalare una vetta.

Arrivati alla fine della storia, insieme toccarono il cielo con un dito. Quando Andrea, soddisfatto e felice, chiuse il volume, anche Carota smise di spingere sui pioli/pedali della sua ruota.

La luce si spense.

Appoggiato il libro sul comodino, Andrea augurò la buonanotte al suo compagno di viaggio senza rendersi conto che il criceto, stanco ma contento, già stava dormendo, sorridendo impercettibilmente sotto le vibrisse.

Ringo e io

di Silvia Allegri

È successo all'improvviso, come avviene spesso nella vita. E a partire da quel momento è diventato impossibile riavvolgere il nastro: la svolta era arrivata e, mentre me ne rendevo conto, si stava già scrivendo una nuova storia.

Avevo deciso di regalarmi alcune lezioni di equitazione, in quel giugno 2006 che mi ha visto festeggiare i miei 29 anni. Allora ero impegnata nel servizio civile e tra le mie mansioni c'era anche quella di accompagnare due ragazzi in un maneggio. Mentre loro facevano lezione mi ero informata su quando avrei potuto iniziare e la settimana successiva mi sono ritrovata, per la prima volta nella mia vita, in sella a un cavallo.

Fu una sensazione indescrivibile essere seduta così in alto, sfidando la mia paura, e sentire l'adrenalina sprigionarsi da ogni cellula del corpo.

Avevo stabilito di fare una lezione ogni quattro giorni, ma subito ci fu un imprevisto: alla seconda lezione, il cavallo destinato a me stava male. Ma una soluzione c'era: «Avremmo lui» mi disse l'istruttore, indicando un altro animale. «Si chiama Ringo, vuoi provare?»

Ecco, eccola lì, la mia e la nostra tempesta: la rivoluzione ebbe inizio proprio in quel momento. Lo guardai. E sentii le gambe tremare, il cuore mi batteva così forte che sembrava uscire dal petto e poi cadermi fuori, e finire in fondo ai piedi. E ancora tornare su, arrivare all'altezza della gola, raggiungere il cervello.

Mi vengono sempre in mente i versi di Saffo, quando ripenso a quei momenti. È così che funziona l'amore, così funziona un colpo di fulmine, così ci si sente quando l'oggetto amato si presenta davanti a noi, in tutta la sua maestà.

«Ti piace?» mi chiese qualcuno. «È in vendita.»
Non riuscivo nemmeno a parlare, ma a quella domanda le parole sono uscite da sole.
«Ringo è mio. Lo compro.»

L'ho detto e l'ho fatto, proprio io. Timorosa e insicura cittadina di città, che aveva visto i cavalli nei film fino a due settimane prima. Ora ero la proprietaria di un cavallo.

Quel giorno feci un trekking con un piccolo gruppo di persone, e da cavaliere inesperto quale ero mi capitò di cadere dalla sella, sbalzata, quando Ringo scivolò su un lastrone umido nel bosco. Mi slogai una caviglia, come avrei scoperto quella sera al pronto soccorso, ma nessuno degli altri decise di tornare indietro con me. Mi chiesero anzi di risalire in sella, nonostante il dolore lancinante e le redini rotte.

Fu Ringo l'unico a prendersi cura di me e a riportarmi sana e salva a destinazione, dopo oltre un'ora di cammino. Pregavo, mentre ero sopra di lui. Mi afferravo alla sua criniera, con la paura di guardare avanti. Non fece una piega, sentiva il peso quasi morto che aveva addosso, la mia paura. Mi ero affidata a lui, non avevo scelta. E lui mi ha portata in salvo.

Mi abbandonarono in pochi giorni, quei finti amici. Nessuno mi aiutava a gestire Ringo, cavallo argentino allora dodicenne, alle spalle una storia infernale di maltrattamenti e soprusi che stava lentamente ritornando a galla. Quando mi avvicinavo al suo paddock lui fuggiva in preda al panico, la sua corsa era un urlo di dolore disperato al quale non sapevo trovare risposta. Si era trasformato, le sue paure emergevano e alle sue si aggiungevano le mie. Ma il destino era dalla nostra parte.

Un'amica mi parlò di un maneggio dove avrei potuto stare bene insieme al mio cavallo. Così andai a vedere quel posto meraviglioso, e per fortuna la mia richiesta fu accettata. Prendemmo accordi e, dopo pochi giorni, arrivò il momento del trasferimento.

Ringo era come impazzito, non faceva che correre, calciare, ribellarsi a tutto, distruggere ogni cosa. Ma un angelo custode umano cambiò il corso degli eventi.

Iniziai grazie a lui un lavoro insieme a Ringo, fatto di giochi e amicizia, di contatto e di sguardi. In poco tempo lui divenne il cavallo che è oggi, e io mi sono liberata per sempre delle mie paure.

Abbiamo imparato a fare i conti con i fantasmi del passato, perché ognuno aveva i suoi, e a lasciarci andare quando chi ci sta vicino merita la nostra fiducia. A capirci con uno sguardo, a camminare insieme allo stesso ritmo.

Oggi non monto più perché ho scoperto qualcosa di molto più bello da fare insieme: passeggio con Ringo e i miei tre asini nella natura. Guardiamo il mondo dalla stessa altezza, facciamo la stessa fatica, scegliamo con cura dove appoggiare i piedi in salita e in discesa. A volte mi concedo una breve pausa, leggendo un libro o guardando il cielo sopra di me, seduta in mezzo a un prato, sul limitare del bosco, mentre loro mangiano l'erba fresca.

Con Ringo ho imparato a riconoscere l'amore, che arriva senza preavviso, travolge l'anima e offre a chi lo prova la sensazione che il mondo intorno non esista più. Ogni volta che posso sto con lui: mi porto il computer e i libri in maneggio e mi siedo lì, accanto al paddock.

Se ho un momento di crisi la cura è semplice e infallibile: affondo la faccia nel suo collo, lo abbraccio e chiudo gli occhi, sento il peso della sua testa adagiata sulle mie spalle, sincronizzo il mio respiro al suo. Il suo ossigeno è il mio ossigeno.

Ogni animale, ogni umano, ogni fiore è unico e irripetibile. Ringo è solo e sempre Ringo, il mio cavallo che porta il nome dei biscotti, un manto candido con le macchie marroni, vaniglia e cacao. Ha il profumo del fieno, della camomilla e della menta selvatica, ha la morbidezza di un velluto e la forza di una roccia. Quando lo spazzolo sento e prevedo i suoi movimenti e lui mi asseconda: ci caliamo in una danza di armonia e complicità.

Non so se io ho salvato lui, ma una cosa è certa: lui ha salvato me. E quando stiamo vicini tutto intorno a noi scompare, e ci ritroviamo su una nuvola.

Tira la rapa!

a cura di Cristina Bayda e Oleksandra Barabash

C'erano una volta, in un piccolo villaggio ucraino sospeso tra il bosco e il cielo, due anziani, moglie e marito, che vivevano in una piccola casa con un orto vicino.

Come ogni anno, il marito seminò le rape.

Le curava amorevolmente mentre crescevano ma a una pianta in particolare parlava a gran voce e le raccomandava ogni giorno: «Cresci, cresci rigogliosa e forte, piccola rapa!!!».

Crebbe, così, una rapa gigantesca.

Allora il nonno, entusiasta per l'enormità dell'ortaggio, la prese per il ciuffo, tirò e tirò, ma non riuscì a strapparla dal terreno.

Allora chiese aiuto alla moglie: «Vieni qui, moglie mia, non star lì a far niente, aiutami!».

Il nonno prese la rapa per il ciuffo, la nonna prese il nonno e tirarono, tirarono, tirarono, ma non riuscirono a strapparla.

La nonna chiamò la nipotina: «Vieni qui, nipotina mia, non star lì a far niente, aiutaci!».

Il nonno prese la rapa per il ciuffo, la nonna prese il nonno, la nipote prese la nonna e tirarono, tirarono, tirarono, ma non riuscirono a strapparla.

La nipote chiamò la cagnolina di famiglia: «Vieni qui, cagnolina, non star lì a far niente, aiutaci!».

Il nonno prese la rapa per il ciuffo, la nonna prese il nonno, la nipote prese la nonna, la cagnolina prese la nipote e tirarono, tirarono, tirarono, ma non riuscirono a strapparla.

La cagnolina chiamò il gatto: «Vieni qui, gatto, non star lì a far niente, aiutaci!».

Il nonno prese la rapa per il ciuffo, la nonna prese il nonno, la nipote prese la nonna, la cagnolina prese la nipote, il gatto prese la cagnolina e tirarono, tirarono, tirarono, ma non riuscirono a strapparla.

Ormai erano sfiniti, non sapevano più come fare, sembrava un'impresa ardua e impossibile! A un tratto il gatto ebbe un lampo di genio e chiamò il piccolo topolino di famiglia.

«Vieni qua, topo, non star lì a far niente, aiutaci!»

Il nonno prese la rapa per il ciuffo, la nonna prese il nonno, la nipote prese la nonna, la cagnolina prese la nipote, il gatto prese la cagnolina, il topo prese il gatto… tirarono, tirarono, tirarono e finalmente riuscirono a strapparla!

L'aiuto del piccolo topolino fu determinante per compiere l'impresa e tutti insieme fecero festa.

***

В одному маленькому українському селі, що заховалося в лагідних обіймах лісу під синім-синім небом була маленька хатинка з городом, в якій жили дід та баба.

Кожен рік дід сіяв насіння. Він з любов'ю та ніжністю піклувався про свій город, але до однієї ріпки кожного дня говорив та все їй наказував: «Рости, рости велика та сильна, маленька ріпко!».

Так і виросла ріпка велика-превелика.

Ось дід, у захваті від того, як знатно вродила його ріпка, взяв її за зеленого чуба та як почне тягнути. Тягнув, тягнув, а витягнути так і не зміг.

Тоді вирішив дід попросити допомоги у баби: «Йди сюди, жінко, чого там стоїш та байдики б'єш, допоможи мені!».

І ось схопив дід вдруге ріпку за чуба, схопилася баба за діда та й давай тягнути, та ріпка так і лишилася де була.

Кличе баба онучку: «Йди сюди, онучко, чого сидиш склавши руки, допоможи нам!».

Схопився дід за ріпку, бабця за діда, онучка за бабцю, тягнуть-тягнуть, а витягнути не можуть.

І ось вже кличе онучка собачку: «Йди сюди, собачко, немає чого сидня справляти, допоможи нам ріпку витягнути!».

І взявся знову дід за ріпку, баця за діда, онучка за бабцю, собачка за онучку та скільки не тягнули, не подужали ріпку.

Кличе вже собачка котика: «Йди-но сюди, котику, досить без діла лежати, допомагай нам ріпку тягнути!».

Взявся дід за ріпку, бабця за діда, онучка за бабцю, собачка за онучка, котик за собачку, та й так не здужали ріпку витягнути, скільки б не старалися.

Вже були геть зморилися й не знали, що ж робити. Вже й сам задум ріпку витягнути здавався неможливим і непосильним нашим бідолахам. Та раптом промайнула в котика думка – покликати маленьку мишку.

«Йди-но сюди, мишко, не ледарюй, ліпше допоможи нам!»

І ось вкотре схопився дід за ріпку, бабця за діда, онучка за бабцю, собачка за онучку, котик за собачку та й мишка за котика… і як потягнули усі разом і нарешті витягнули ріпку!

Допомога малесенької мишки стала вирішальною у цій великій справі і святкували вони всі разом.

E N
P A

Blaky
di Romano Giovannoni

Blaky è un cane adulto di media taglia, nero focato, di tipo lupoide, probabile incrocio di pastore, senza particolari caratteristiche, come ne entrano molti in rifugio. È arrivato dal Canile sanitario dell'Asl senza microchip. Sappiamo che è stato abbandonato e dunque trovato lungo una strada di campagna, in provincia di Verona. È arrivato con gli occhi sbarrati e pieni di una tristezza infinita, come tutti è stato accolto e sistemato con i protocolli standard dalla veterinaria con l'aiuto di una volontaria di turno. Quel giorno c'era Zeta, volontaria esperta che non aveva mai mostrato particolari attenzioni per un cane singolo. Zeta fa parte di quel "tipo" di volontari che non hanno preferenze, contrariamente a molti altri che chiedono con chi interagire e lavorare. Risulta subito evidente una reazione emotiva forte da parte di Zeta nell'accoglienza, quasi fosse un colpo di fulmine, un amore improvviso. Anche Blaky lo "sente". Nella relazione comportamentale accompagnatoria si legge che il cane, durante il periodo trascorso al Canile sanitario, non ha dimostrato nessun tipo di relazione con l'uomo: non è aggressivo, certo, ma nemmeno empatico, è evidente che ha vissuto in casa ma ha un comportamento quasi apatico, tiene le distanze e dà segnali respingenti. Come per moltissimi altri, l'essere stato abbandonato, fatto scendere dalla macchina e lasciato lì, lontano da casa, dalla famiglia, dalle persone con cui è cresciuto e che erano il suo "branco", lo ha ferito nel profondo e gli ha fatto perdere la fiducia nel genere umano. Tuttavia, anche per lui l'incontro con Zeta è un colpo di fulmine, quasi si fossero riconosciuti. Le si avvicina, si strofina a lei e la guarda come solo gli animali guardano, senza filtri. È l'inizio di una lunga relazione.

Zeta viene a fare il suo turno settimanale ma, appena può, passa in rifugio per salutare Blaky: un giretto, una carezza, una cura e attenzioni intime. Questo porta, nel tempo, a un effetto positivo nel cane, nella relazione verso l'uomo: Blaky diventa cordiale e affettuoso anche con tutti gli altri. Certo, è evidente la sua preferenza per Zeta, la sente arrivare da lontano e le sue feste per lei sono speciali, ma sta riprendendo poco alla volta la fiducia e l'affetto verso la nostra specie, questo grazie agli educatori ma soprattutto grazie al "lavoro" costante di Zeta. A tal punto che si decide di proporlo in adozione. La missione di tutti i rifugi è quella di dare un'altra possibilità ai nostri ospiti. Li chiamo "ospiti" proprio perché il rifugio vuole essere un posto di passaggio: il cane abbandonato arriva, recupera la fiducia, supera la paura e poi si cerca di ridargli una casa, una famiglia. Non si può sbagliare: l'ospite deve essere pronto, in fiducia e, come diciamo noi, "lavorato". Blaky è pronto.

Il motivo per cui Zeta ha deciso di fare volontariato qui è che con i suoi tempi e il suo stile di vita non può permettersi di adottare un cane: parte la mattina e resta fuori casa tutto il giorno per lavoro, un cane resterebbe da solo troppo tempo, anche proprio per le sue esigenze fisiche. Fare la volontaria in rifugio supplisce all'impossibilità di adottare. Spiego questo perché la consuetudine, per un cane pronto all'adozione, è di preferire una persona con cui il cane ha già una relazione, una conoscenza e dell'affetto.

Zeta non prende molto bene la notizia che Blaky è adottabile ma si rassicura pensando che è un cane non giovane, di mezza taglia, non particolarmente attraente e nemmeno particolarmente "festoso". Insomma, uno di quei cani che rischiano di essere invisibili: le persone che arrivano in rifugio vedono decine di ospiti e la scelta quasi sempre si rivolge all'attrazione del momento. Le richieste maggiori sono per cani giovani, magari cuccioli, di piccola taglia e gioviali, Blaky non ha nessuna di queste caratteristiche e rischia di restare in un limbo, come succede a tanti.

Passa il tempo e Blaky non viene notato, Zeta si tranquillizza e le cose vanno avanti. Evidentemente è quello il suo karma, pensa Zeta un po' egoisticamente. Ma a un certo punto, colpo di scena! Un pomeriggio qualunque arriva in rifugio una coppia senza una richiesta precisa se non quella di voler adottare un cane. Nel questionario e nel colloquio conoscitivo vanno bene, sono maturi e consapevoli dell'impegno, hanno uno stile di vita adeguato e percepisco l'amore che possono dare a un nuovo membro della famiglia. Non hanno limiti su età, genere o taglia, mi chiedono solamente di portarli a conoscere chi ha più bisogno, chi è meno visto. Quando arriviamo da Blaky è un colpo di fulmine per tutti e tre: non vogliono vederne altri e lo "prenotano". Funziona così al primo incontro, poi si prende un altro appuntamento, così ci dormono sopra, e se restano convinti si procede all'adozione. Tornano dopo pochi giorni straconvinti e vanno a casa con Blaky.

Ovviamente avviso subito Zeta e le racconto della bellezza del loro incontro spiegandole che è successa una cosa meravigliosa, un incontro perfetto, e che ci saranno altri Blaky e altri amori per lei. Dramma. Il giorno dopo arriva come una furia in rifugio e chiede subito un colloquio: lei è un fiume in piena, io resto con l'atteggiamento dell'osservatore, nell'accoglienza. È evidente il suo dolore per la separazione definitiva, mi chiede nomi e indirizzi per andare a trovarlo e qui intervengo, le dico che non è possibile, non solo per il protocollo ma perché non sarebbe giusto per Blaky rivedere lei, e per lei rivedere Blaky. La sua ossessività per quella relazione la sta fuorviando rispetto al motivo per cui siamo qui a fare questo tipo di volontariato: dobbiamo essere felici di ogni adozione, e non viceversa. Dette queste poche parole rimango nell'ascolto e nell'empatia, nella presenza accogliente e nel silenzio. La richiesta di parole dolci, rassicuranti e compiacenti è esplicita, ma io non faccio nulla, lascio che resti dentro quel sentire, quella rabbia e quella disperazione, che lo viva tutto, nel pianto, sentendo ogni ondata fino in fondo. Zeta va via senza salutare e sbattendo la porta, non si presenta più per settimane e scompare.

Un giorno mi arriva la richiesta di un altro colloquio, senza spiegare il perché. Zeta arriva e resta in silenzio, parla solamente con gli occhi. Non dice nulla dell'incontro precedente, non chiede di Blaky, se sta bene o se ho informazioni, mi comunica che è tornata, che ha compreso. Con poche parole mi ringrazia. Dico solamente che sono felice del suo ritorno, perché lei è brava con i nostri ospiti, con tutti loro. Il colloquio dura poco, poche parole ma tante sensazioni forti, tanta empatia.

Ora Zeta si occupa solo dei cani invisibili, li segue in tutto, dalla pulizia alla rieducazione. A sua richiesta mi ha affiancato nelle adozioni, e dopo il tempo giusto l'ho lasciata libera, da sola. Ora segue gli adottanti e le adozioni solamente quando c'è un interesse per quei cani, quelli non visti. Lo fa bene e con amore, e quando l'adozione va a buon fine è felice.

Questa è la storia di una di noi, gatte randagie

di Annamaria Guidi

Luglio 2019

Così si potrebbe intitolare la storia di questa gatta randagia che una sera, qualche tempo fa, è venuta a trovarci spuntando, malconcia e denutrita, dal buio del giardino.

Come se nulla fosse, con la sicurezza un po' risoluta di chi conosce una casa da sempre, è entrata, si è guardata intorno e ha assaggiato il cibo rimasto nella ciotola della nostra gatta che, con nostro grande stupore, l'ha lasciata fare. Si è scelta poi, in tutta tranquillità, un angolino del salotto, sdraiandosi sul pavimento e rifiutando un tappetino che le avevamo messo accanto in segno di accoglienza.

Era affamata e stanca. Ha mangiato e bevuto in continuazione per qualche giorno e si è riposata.

Non so ancora spiegarmi il perché, ma la mia gatta, da sempre gelosa del suo territorio al punto da mal sopportare che altri gatti passino nel suo giardino, dopo averla a lungo annusata, l'ha accettata senza mostrare insofferenza ma quasi con deferenza, come quella che spinge istintivamente noi umani al rispetto verso i vecchi, soprattutto quando sono sofferenti o malati.

Non è stata amicizia, ma rispettosa convivenza. Le ha permesso persino di condividere l'ambita compagnia di uno dei due uomini di casa che, dopo cena, nelle sere d'estate, è solito stendersi su una sdraio nel prato dietro casa a guardare le stelle. Gli stavano vicino, anche loro sdraiate ma a quella debita distanza che solo i felini sanno essere quella giusta per dire che si è in compagnia ma senza essere disturbati o disturbare. Se ne stavano così, tutte e due accucciate nell'erba a godersi il fresco con quello sguardo un po' sornione volutamente rivolto al nulla che pare distratto solo a chi non conosce i felini.

Visto che la nostra ospite era un po' malconcia, l'ho poi portata dalla veterinaria a cui ho raccontato come ci eravamo incontrate. Mentre la visitava, la dottoressa mi guardava e sorrideva – devo dire – con grande tenerezza.

La gatta era molto vecchia, disidratata e denutrita. Era quasi certamente randagia da sempre. E probabilmente, ma solo probabilmente, si era imbattuta in casa mia perché si era persa e non era più riuscita a trovare la strada da dove era venuta: a una certa età, infatti, anche i gatti possono soffrire di Alzheimer.

Quindici anni – probabilmente parecchi di più – erano troppi per non cercare di riportarla dai suoi proprietari, se ce n'erano, il prima possibile perché la potessero vedere ancora, mi disse la veterinaria.

Uscendo dallo studio, però, avevo già deciso di tenerla con noi.

Dopo cinque giorni passati tra una coccola e l'altra, con nostra sorpresa e grande dispiacere non l'abbiamo più trovata. Avevamo cominciato a vederle uno sguardo meno sofferente, il pelo reso un po' più bello dal cibo e dalle carezze, i movimenti più sicuri. Ma niente. Se n'era andata. O forse – mi piaceva pensarla così – allontanandosi un po' troppo non era più riuscita a tornare da noi.

Agosto 2019

Ogni settimana accompagno mia madre al cimitero, per la solita visita alla tomba di mio padre. Appena fuori l'ingresso c'è ormai da anni una colonia felina curata dal Comune che, attraverso volontari, si preoccupa di fornire loro cibo.

Dopo che la gatta ci aveva lasciato, mi ero ritrovata involontariamente a volgere spesso lo sguardo da quella parte, nella tacita e vana speranza di ritrovare là quella che ormai chiamavo la "mia" gatta, quella gatta che, se solo avesse voluto o potuto stare con noi, non sarebbe più stata randagia.

Così, un giorno, guardando verso un cespuglio che si muoveva un po', vedo spuntare qualcosa di rosso, come il suo pelo.

La vedo, mi riconosce. Mi fermo, lascio che sia lei ad avvicinarsi lentamente. Sono felice e stupita di averla ritrovata.

«Ma eccoti qua, dov'eri finita?» le dico a voce bassa mentre le accarezzo la testa.

«Ma eccoti qua, dov'eri finita?» sembra mi voglia dire lei, sfregandosi sinuosa sulle mie ginocchia.

Non so cosa fare, se prenderla o lasciarla là in compagnia dei suoi simili. Torno a casa per un consulto con i miei. Siamo sicuri che il problema non è se noi la vogliamo riprendere (perché noi la vorremmo!) ma se lei vuole una fissa dimora.

Decidiamo di parlare con la volontaria che si occupa tutti i giorni dei gatti della colonia. Mi dice che è tranquilla, mangia e se ne sta insieme agli altri.

Bene – penso – *si vede che sta bene così. Verrò sempre a trovarla.*

E così è stato. Ma mi chiedo sempre se quella volta se ne era andata volontariamente o se era stato davvero l'Alzheimer ad allontanarla da noi.

Ottobre 2019

La risposta alla mia domanda è arrivata. Ieri sera la "mia" gatta randagia è tornata a casa a trovarci. Come l'altra volta è entrata, ha mangiato, ha gironzolato, ha dormicchiato e poi è sparita di nuovo.

Chissà se nella sua vita da randagia ha apprezzato di più il cibo che le veniva offerto o la libertà di non appartenere a nessuno.

Appare quando vuole, lascia un po' della sua presenza, poi all'improvviso scompare. Come una stella cometa.

Cometa – così la chiamiamo –, la nostra casa è sempre aperta. Sei libera di andare e tornare quando vuoi. Sarai sempre la benvenuta.

Postfazione

di Carla Rocchi
presidente nazionale di Enpa onlus

Cosa lascia negli occhi e nel cuore la lettura delle brevi storie di questo libro prezioso?

Emozione, certamente. Coinvolgimento negli incontri desiderati o imprevisti.

Ma soprattutto, come in ogni lettura che si rispetti e secondo la migliore tradizione, rimane una morale. O, se si preferisce, una considerazione semplice e tuttavia imprescindibile: quella dei vuoti che si colmano.

In ciascuno dei racconti esiste infatti un prima e un dopo, e ciò che li spiega è sempre, a saper guardare con gli occhi dell'anima, un premio all'impegno, al desiderio di esserci per una piccola vita o, più semplicemente, al piacere grande della condivisione.

Esiste il dopo degli aiuti giunti finalmente agli animali del Rifugio Italia in Ucraina e della piccola Vika, arrivata quasi a festeggiare dopo tanta preoccupazione.

Quello del koalino Fiamma, scampato all'incendio e ricongiuntosi a quella che è forse la sua mamma, e il dopo del cavallo Ringo che regala sicurezza e salvezza a chi lo ha salvato.

Il dopo di quello che era un "alberino qualunque" prima di diventare il magico Albero degli Uccellini che si nutrono sui suoi rami, e il dopo del topolino che, con le sue piccole forze, rende decisiva l' impresa di tirare la rapa.

Quello di Blaky che, salvato con l'adozione, salva tutti i piccoli che saranno fatti adottare da Zeta, e il dopo della gatta Cometa che, nella sua semplicità, regala a chi si preoccupa per lei il senso grande della libertà.

Morale: possiamo dire che esista un "dopo" la lettura di questi racconti che ci rende più consapevoli di quanto non fossimo prima.

Indice

FSC
www.fsc.org
MISTO
Carta
da fonti gestite in
maniera responsabile
FSC® C109190

Finito di stampare per conto di People s.r.l.
nel mese di novembre 2022
da Rotomail Italia S.p.A.
stabilimento di Vignate (MI)